Z 8
LE SENNE
7976

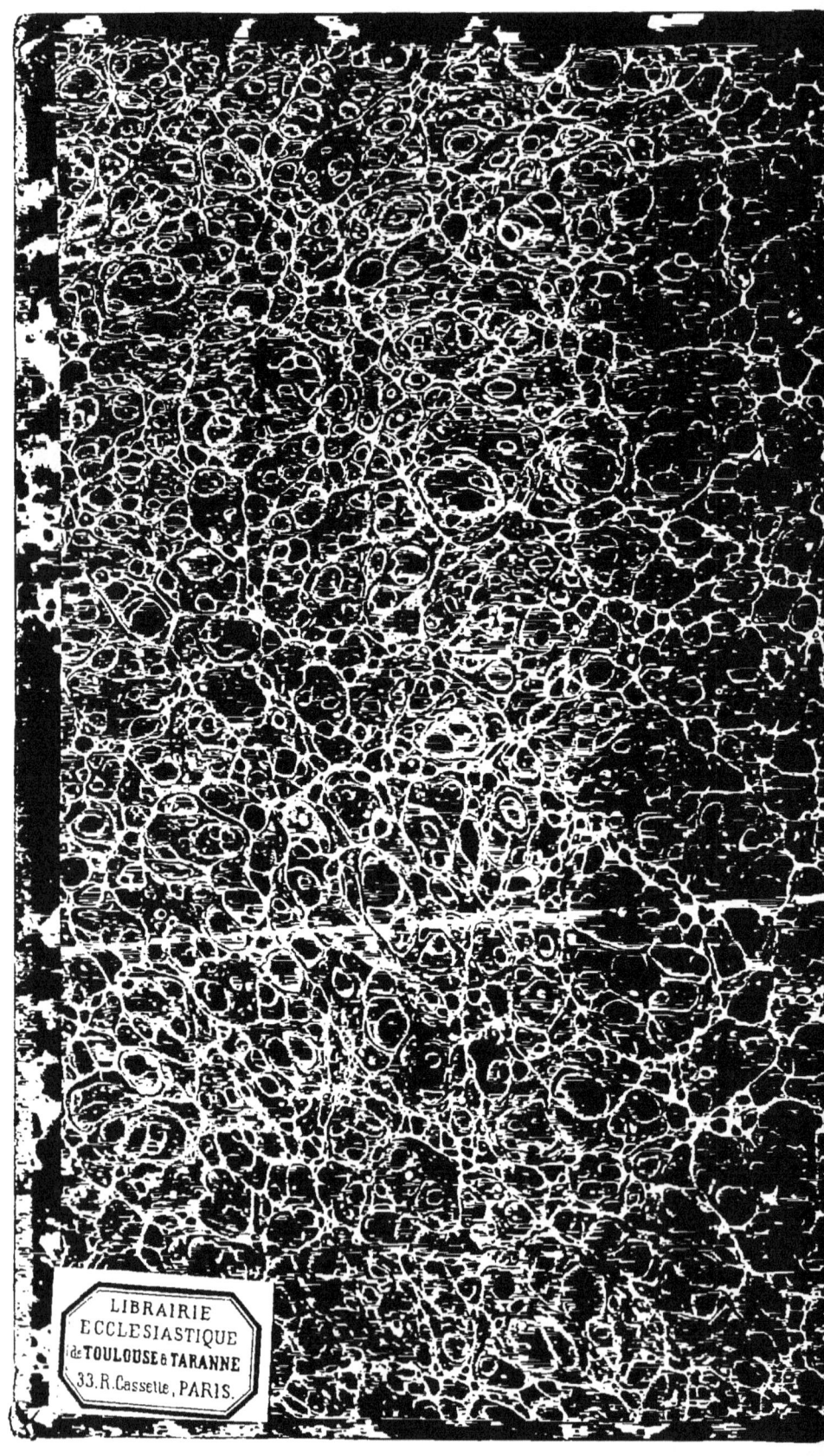

DISCOURS

Pour la Fête de l'Assomption de la Ste-Vierge, et de la Naissance de S. M. l'Empereur et Roi des Français,

Prononcé dans l'Eglise de Notre-Dame de Paris, le 15 Août 1806, en présence de S. Em. Monseigneur le Cardinal de Belloy, Archevêque de Paris, de S. Ex. Monseigneur le Gouverneur de Paris, des Tribunaux, de M. le Préfet du Département, et autres Autorités Civiles et Militaires.

Par M. N. S. GUILLON, *Chanoine honoraire de l'Eglise Métropolitaine de Paris.*

A PARIS,

Chez LAURENS Jeune, IMPRIMEUR-LIBRAIRE, rue St-Jacques, n°. 61, vis-à-vis celle des Mathurins.

1806.

DISCOURS

Pour la Fête de l'Assomption de la Sainte-Vierge et de la Naissance de S. M. l'Empereur et Roi des Français.

Posuit Rex diadema regni in capite ejus.
Le Roi posa le diadême royal sur sa tête.
Au Livre d'Esther, chap. I.

Messeigneurs et Messieurs,

Au moment où la mère du Sauveur fut dégagée des liens de cette vie terrestre, une vertu divine ranimant son corps virginal, sanctuaire auguste du verbe fait chair, le transporta dans le ciel à côté de son divin fils. A l'approche de leur Souveraine, les chœurs des Anges accourent, ils s'empressent autour d'elle; les harpes d'or font retentir l'hymne du triomphe; et l'Eternel, abaissant son trône pour l'y placer à ses côtés, pose sur sa tête le diadême, symbole de son éternelle royauté. *Posuit diadema regni in capite ejus.*

Dès-lors le culte de Marie a commencé pour tout l'univers. De toutes parts s'élèvent en son honneur des autels et des temples magnifiques ; partout et les gémissemens de la prière et les accens de la reconnaissance proclament en elle la médiatrice des fidèles, le canal des grâces, l'espérance et le soutien de l'Eglise, la ressource des Empires; et les plus puissans monarques, vainqueurs enfin des ennemis étrangers ou des factions domestiques, croyaient avec raison ne s'être montrés jamais ni plus justes, ni plus grands que quand ils venaient, en présence de tout le peuple, consacrer à cette Reine du ciel leur personne et leur royaume. *Posuit diadema regni in capite ejus.*

Comment ces jours de gloire s'étaient-ils éclipsés? Quel nuage sombre, enveloppant, comme d'un linceul funèbre, les antiques monumens de la piété envers Marie, en avait repoussé de nos yeux les images saintes, et glacé dans nos ames jusqu'aux souvenirs? Pompe touchante de nos solennités ! fêtes pieuses où les acclamations de la terre allaient se mêler aux concerts des Anges! institutions vraiment nationales, où le peuple, tout entier, marchait en triomphe à côté de son souverain, sous l'étendard de Marie, qu'étiez-vous devenues?

Quand, à cette fête de son exaltation, la céleste patrie retentissait des hymnes de l'allégresse, notre France muette ne portait plus aux autels de Marie le tribut accoutumé de ses louanges.

Chrétiens! Français! apprenez quelles ont été les vengeances de votre mère, quelles ont été les représailles de Marie. Si nous avons pu oublier l'alliance sacrée qui nous fit ses sujets, elle n'oubliera pas la portion chérie de l'héritage qui lui fut donné. Telle qu'une puissante reine se plaît à signaler par de plus somptueuses largesses le jour solennel de son couronnement; telle, la souveraine des Cieux va marquer, par le plus magnifique présent, l'anniversaire du jour qui vit sa glorieuse entrée dans ses domaines. Vierge sainte! Protectrice généreuse! Ce n'était point, dirai-je sans un conseil particulier de la divine providence? ou plutôt, non, ce ne fut point sans un témoignage spécial de votre influence toute puissante auprès de votre fils, qu'à la première de vos solennités, devait être attachée la naissance du GRAND NAPOLÉON. Vous avez demandé à Dieu grâce pour cet Empire, et Dieu a voulu que votre glorieux sépulchre enfantât pour la France le héros destiné à la régénérer.

Ainsi, lorsque, dans ses décrets immortels, le Dieu de qui dépendent et tous les temps et tous les Empires, a fixé le terme où finira l'oppression de son peuple ; magnifique dans ses miséricordes, autant que terrible dans ses vengeances ; des abîmes de l'avenir, il appelle le conquérant qui doit briser les fers d'Israël ; il le *nomme par son nom*, et le marque d'un sceau divin, comme étant son envoyé, *son Christ* (1) ; *il l'a pris par la main*, et le montrant de loin aux nations, *armé de l'épée des combats*, et couronné du royal diadême, il abbat à ses pieds et cités et peuples et royaumes, relève par ses bras les autels dispersés, et les colonnes de l'Etat tombées en ruines. Ainsi, le même Dieu des armées suscitait, si long-temps

---

(1) *Isaï* XLV. Hæc dicit dominus Christo meo Cyro, cujus apprehendi dexteram, etc.

avant sa naissance, le Grand Alexandre; de ses regards perçans, il le voit qui, dans sa marche rapide *ne touchant pas la terre, s'avance, brisant sous ses bonds impétueux* tout ce qui lui résiste, et *faisant taire le monde entier en sa présence* (1). Et toi, ô mon prophète ! toi, le ministre des oracles du Ciel, ta mère n'avait pas encore senti tréssaillir dans son sein le fruit de ses entrailles ; je te voyais, dit le Seigneur, je te connaissais ; *priusquàm te formarem in utero, novi te* (2). Déjà tes glorieuses destinées avaient été tracées par son doigt immortel ; c'est lui, lui, le Très-haut, qui *t'avait établi par-dessus les peuples et les royaumes pour abattre et édifier, pour dissiper et rebâtir* (3), lui, le maître des évènemens, dont l'intelligence infinie, embrassant ce qui n'est pas comme ce qui est, soumettant également à ses impénétrables décrets la lumière et les ténèbres, le bien et le mal, prépare les

---

(1) *Dan.* VIII. Non tangebat terram... Cumque appropinquasset, efferatus est, etc. — et siluit omnis terra in conspectu ejus. *Machab.* I. 3.

(2) *Jerem.* I. 5.

(3) Ecce constitui te hodiè super gentes, et super regna, ut avellas et destruas, et disperdas et dissipes. *Ibid.* 10.

effets dans leurs causes les plus éloignées, fait servir à ses fins les instrumens mêmes qui paraissent les combattre, toujours adorable, toujours digne de nos hommages, soit que d'un souffle, il renverse le superbe potentat qui se croit immortel, soit que, *du milieu des contradictions d'un vain peuple, il choisisse David pour l'établir chef de la nation* (1), et le marquer du sceau de l'onction sainte.

Telle a été, sans doute, la pensée de notre invincible Empereur, lorsque réunissant sous une même solennité la fête de sa naissance et la fête de Marie, il a rapporté le bienfait à sa source, et rendu à la patrone de cet Empire, l'hommage d'un évènement qui devait un jour réparer tant de maux, et ouvrir une si brillante carrière de prospérités. Déjà, ô grand prince ! vous en avez fait la publique reconnaissance, lorsque, dans ce même temple consacré à Marie, aux pieds de ces mêmes autels, vous êtes venu recevoir des mains du premier des Pontifes, le sceau de votre consécration, et mettre sous les auspices de la religion le

---

(1) Eripies me de contradictionibus populi; constitues me in caput gentium. *Psalm.* XVII. 44.

sceptre que vous portez si glorieusement.

Souvenirs augustes ! souvenirs immortels ! qu'ils viennent embellir encore cette Fête, et se mêler à tous les sentimens qu'elle inspire. Guerriers accourus des champs de la victoire, de qui Napoléon féconda l'héroïsme par ses exemples, en même temps qu'il le dirigeait par ses savantes leçons, princes de l'Empire et de l'Eglise, Sénateurs, Magistrats qu'il a distribués comme autant d'astres pour éclairer la France de vos lumières, Pontifes dont il a relevé les autels, et récompensé les travaux par un éloge à jamais mémorable, Citoyens de tout ordre, c'est en votre nom que ma faible voix essaie d'acquitter la dette de la Patrie et la dette de la Religion.

Dieu des Empires, Dieu de Charlemagne, mettez sur mes lèvres des paroles dignes de la majesté de mon sujet.

PREMIERE PARTIE.

Messeigneurs et Messieurs.

Lorsqu'en parcourant les annales de notre Monarchie française, on vient à s'arrêter sur le règne de Charlemagne, quelle foule d'impressions à la fois vives et profondes saisit et occupe l'ame toute entière ! On se croit transporté dans un monde nouveau, loin du cercle des évènemens ordinaires, par-delà même ce théâtre brillant où les héros et les conquérans semblent s'élever si fort au-dessus du commun des hommes. Ce ne sont pas seulement les siècles héroïques que l'on croit voir se justifier ou se renouveller ; mais comme si les siècles héroïques, comme si la nature elle-même, n'eussent pas été capables de produire ce composé vraiment inouï de tant de qualités diverses, on se demande au fond de son cœur, si en effet Charlemagne ne fut qu'un seul homme, et si plutôt les écrivains de ce temps-là n'auraient pas accumulé dans une seule vie les exploits de plusieurs grands hommes, et ramassé dans un petit nombre d'années les évènemens d'une longue succession de temps.

Les frontières de l'Empire français reculées si loin ; des milliers d'ennemis, comme autant de Goliath, mais de Goliath qui semblent se reproduire plus redoutables encore après leur défaite qu'avant le combat, toujours vaincus et domptés à la fin par un nouveau David ; des villes défendues par des peuples entiers, d'imprenables citadelles, de vastes contrées, ne formant par le concert de leurs opérations qu'une seule forteresse, tombant à l'aspect d'un seul homme, *à facie terroris uniûs* (1), comme les murailles de Jéricho, à la voix du Chef hébreu ; tous les obstacles de l'art et de la nature soumis et changés en instrumens de victoire ; un royaume si étendu et toujours en guerre, gouverné comme au sein de la plus profonde paix ; le génie du Législateur rehaussant le génie du héros guerrier ; les plus vastes conceptions de la politique achevant l'ouvrage toujours incertain des conquêtes ; l'Europe devenue presque toute entière un seul Empire dirigé par ses loix ou par l'influence de sa renommée ; et l'avenir associé aux bienfaits répandus sur les générations présentes ; il faut l'avouer, Messieurs, tout, dans ce règne merveilleux, semble tenir de la fable ou du prodige. Jamais spectacles plus imposans ne s'étaient offerts à l'admiration des hommes. L'éloquence épuiserait vainement ses plus riches

---

(1) Mille homines à facie terroris uniûs. *Isaï.* XXX, 17.

couleurs, pour retracer ce long triomphe de tout un règne, ce magnifique tissu d'évènemens extraordinaires; la poésie, accoutumée dans son essor hardi, à franchir les bornes du monde, à se répandre dans une nature nouvelle, pour en rapporter son merveilleux imaginaire, pourrait à peine égaler le simple récit des faits que l'histoire nous raconte du règne de Charlemagne. Mais point ici de surprise faite à la reconnaissance des contemporains, au légitime orgueil d'un grand peuple encore aggrandi par un tel Monarque, à la crédulité des siècles suivans. A défaut d'écrivains, vous auriez pour garans les immortels souvenirs qui les attestent, ces vastes souvenirs répandus sur la surface du monde, tels qu'il s'en attacha toujours aux grandes catastrophes, qui, en changeant la terre, ont déposé dans la mémoire des siècles leurs plus sures archives, et se sont donné l'univers entier pour historien. Ils en seront à jamais les témoins, et ces rochers des Alpes traversés tant de fois par ses invincibles légions avec la rapidité des aigles qui tombent sur leur proie, et ces fleuves, barrières que la nature et l'art opposèrent vainement à sa marche triomphante, et cette Italie où il lui suffisait, ainsi qu'autrefois la terre promise à Josué, de *mettre le pied* (1), pour qu'elle reconnût en lui son vainqueur et son maître, et cette Germanie antique, géant aux cent bras, tour-à-tour enchaîné par sa valeur ou désarmé par sa sagesse.

Attestées par tant de trophées, ces merveilles, nous l'avons dit, Messieurs, passeraient toute croyance, si c'était sur la terre qu'il en fallût chercher le principe. Mais non; admirateurs du plus grand roi qui fut jamais, non, vous ne vous trompez pas, de chercher ailleurs que dans les forces humaines le secret de tant de gloire.

Celui-là qui tient dans ses mains les destinées des Empires et les cœurs des rois, le Dieu des armées, qui, dans tous les temps, a su faire des révolutions humaines, l'instrument de ses profonds desseins a choisi, parmi les peuples de l'Europe, un peuple pour être son héritage de prédilection, et parmi ce peuple, il veut se donner un prince *selon son cœur* (2), qu'il marquera d'un

---

(1) Terra, quam calcavit pes tuus, erit possessio tua. *Josué.* XIV. 9.

(2) Quæsivit Dominus sibi virum juxtà cor suum. *I. Reg.* XIII. 14.

sceau particulier, qu'il conduira par la main dans le désert, sur les cîmes des montagnes, au fond des abymes, à travers les traits et les feux et par-tout, faisant marcher devant lui son esprit de terreur qui soufle les tempêtes sur les royaumes, attaque ses ennemis jusqu'au plus profond de leurs cœurs, en y imprimant l'épouvante : voilà, Messieurs, ce que le seigneur avait résolu; et Charlemagne fut donné à l'univers.

Héros de la patrie, héros de la religion, que la gloire de tes vertus comme de tes exploits éleve si fort au-dessus des autres hommes et de tous les rois, sors de la foule des monarques! Toi qui distribues les honneurs avec tant de magnificence, n'y aura-t-il donc point pour toi de récompense? Quand ton autorité est sans bornes, pourquoi en mettre à la reconnaissance publique? Avec l'onction sainte, reçois de la patrie le titre suprême dont elle-même s'ennoblit. Reçois de la religion un hommage qui manifeste aux yeux des peuples l'œuvre de Dieu. Voilà que le Grand-prêtre de la nouvelle alliance, un autre Joad t'apporte, avec le diadême impérial, le solennel témoignage de ta consécration. Ce Jésus dont ton bras a étendu l'Empire et protégé les

Autels, t'envoie son vicaire, pour imprimer sur ton front auguste le sceau de l'adoption sacrée qu'il a faite de ta personne. Sois, ô Charlemagne ! l'Empereur des Français.

Le Temps, en parcourant le cercle des siècles, a ramené parmi nous, Messieurs, les mêmes évènemens. Quand on disait que la nature avait épuisé sa force créatrice sur le règne mémorable du fils de Pépin, c'est qu'on n'avait pu prévoir, qu'après s'être reposée de ce glorieux enfantement durant plusieurs siècles, elle dût retrouver sa merveilleuse fécondité pour produire un nouveau Charlemagne.

Dans l'esquisse rapide qui vient de vous être présentée, déjà vous avez cru entendre le récit des glorieux évènemens dont nous avons été les témoins ; et la vie du vainqueur des Lombards et des Germains ne pouvait avoir de plus digne commentaire que la vie du nouveau triomphateur de l'Italie et de l'Allemagne. Français ! vous l'avez vu, s'ouvrant, à travers les Alpes, une route nouvelle, s'élancer sur leurs cîmes et delà rouler sur l'ennemi comme les torrens qui s'échappent du flanc de leurs montagnes. Rien ne l'arrête, ni ces déserts glacés où tout est mort, ni les fleuves qui en traversent les profondes solitudes, ni les abîmes qui s'enfoncent jusqu'aux enfers, ni les cités courageuses, vainement défendues et par ces remparts naturels et par l'élite des guerriers combattans sous les yeux de leurs mères et de leurs épouses, ni les armées étrangères abondamment pourvues de tout ce qui manque à notre héros; mais c'est à la victoire à tout réparer; c'est l'ennemi qu'il a chargé de lui faire et ses munitions et ses arsenaux. Arbelles, Issus, noms immortels ! éclipsez-vous devant les noms d'Arcole, de Lodi, de Millésimo; car ici du moins le nouvel Alexandre eut des rivaux dignes de lui. Suze, Alexandrie ont été forcées de se rendre; Milan a capitulé; Mantoue devient le prix de trois batailles vivement disputées; Venise a subi le joug du vainqueur; la mer Adriatique s'étonne d'obéir à de nouveaux maîtres; deux fois, Vienne menacée frémit sous son aigle tremblante; le moment n'est pas loin où vous la verrez s'abattre aux pieds de Napoléon, appellant en vain au secours de ses remparts et ses soldats tremblans et son Empereur qui fuit, traînant après lui les lambeaux de son empire vieilli, et ces troupes étrangères venues des glaces du Nord, pour assister aux funérailles de l'Allemagne. Ici tombe un empire; là, un autre naît ou se recompose: vous diriez que dans ses mains reposent les clefs de la vie & de la mort. Chaque victoire n'est que le prélude d'une victoire nouvelle; le prodige de la veille est surpassé par le prodige du lendemain; et quand le bruit des combats ou les chants du triomphe cessent de retentir à votre oreille, c'est que lui-même il a mis un terme à ses victoires, et que le héros arbitre ou conquérant de l'Europe veut en être le pacificateur.

Dès-lors, il avait été facile de prévoir les hautes destinées qui attendaient un héros de vingt ans. Dans la lutte sanglante des partis qui déchiraient alors notre France, si glorieuse au dehors, si malheureuse au dedans, tous nous nous ralliâmes au consolant espoir que, du sein des armées, sortirait le réparateur de tant de maux, le restaurateur de l'ordre public. Et si, dès les commencemens, Napoléon, livré aux inspirations du génie sublime qui lui ouvrait la terre des Sésostris, des Ptolémées, ne se montra point encore à nos regards comme l'astre protecteur destiné à fermer le cahos où la France était tombée, c'est que la Providence, pour mieux assurer son ouvrage, le travaillait dans le silence avec autant de force que de douceur ; c'est qu'elle voulait que l'excès des maux épuisant les ressources humaines, il ne restât plus dans la pensée des hommes de doute sur le caractère des moyens dont elle se proposait de les guérir ; elle voulait que dans l'immense patrimoine de gloire, commun à tant d'illustres généraux, des exploits d'un ordre particulier et des évènemens plus que naturels signalassent celui à qui elle réservait la plus noble des récompenses, et que la restauration fût moins encore l'ouvrage des armes que la conquête de la paix. Ce secret de la Providence, l'immortelle journée du 18 *Brumaire*, et la victoire de *Marengo* l'ont révélé au monde. Je ne devancerai point, Messieurs, ni les récits de l'histoire ni les descriptions du panégyrique. Eh ! quels récits encore, quelles descriptions atteindront jamais la hauteur des résultats qui ont couronné l'un et l'autre de ces évènemens ? Le monstre des discordes civiles enchaîné ; l'hydre des factions abattue ; les vertus et les talens naguères proscrits, appelés aux emplois publics, aux honorables distinctions, et bientôt aux récompenses; une constitution digne enfin du peuple français, remplaçant les essais informes qui nous amenèrent à de si honteuses calamités; les parties diverses de l'administration vivifiées; le champ de l'instruction rendu à la morale; la justice replacée sur ses anciennes bases; un gouvernement sage et par-là même vigoureux, travaillant par de continuels efforts, par des succès journaliers, à mériter la confiance des peuples, acquérant à la fois le droit de se faire obéir: tels furent les premiers bienfaits qui signalèrent le retour inespéré de Napoléon; telle a été, du moment où il fut appelé au gouvernement, l'aurore du beau jour qui n'a cessé de luire sur la France.

Par quelle reconnaissance la patrie s'était-elle acquittée envers son généreux libérateur?

Ce n'était point assez d'avoir prorogé pour lui la magistrature consulaire, jusqu'à une époque déterminée; toute dignité dont on entrevoit le terme, appelle bientôt, comme une succession ouverte, les intérêts opposés, les craintes, les espérances, et tient par-là suspendu sur la tête de la patrie le glaive des factions. Trop peu encore d'avoir étendu la jouissance du Consulat jusqu'aux limites d'une vie qui serait immortelle, si elle se mesurait sur sa gloire ; mais en lui laissant des collègues. Toute dignité qui se partage s'énerve et se dégrade. Que l'émule de Charlemagne en devienne le successeur. Français ! pourriez-vous craindre d'environner d'une sanction trop vénérable celui dont votre propre élection et l'éminence de sa prérogative ont fait un bien public, le lien et le fondement de la félicité générale ? Non moins que les intérêts de la majesté souveraine, les droits de la liberté des peuples réclament l'hommage de cette solennelle consécration. La Patrie le lui décerne : que la Religion achève son ouvrage. Arrêtons encore un moment nos regards sur le tableau que présente ici l'alliance de la religion avec la patrie.

SECONDE PARTIE.

Nous lisons dans nos saintes écritures que Josué, se disposant à traverser le Jourdain, avant d'entrer dans la terre promise, rassembla les prêtres pour leur dire : Prenez l'arche de l'alliance, et marchez en avant du peuple. En même temps la voix du Seigneur se faisant entendre au conducteur des Hébreux : voici, dit-il, le jour où je vais faire éclater ta puissance, et manifester à tout Israël que je suis avec toi (1).

D'après l'ordre qu'ils ont reçu, les prêtres s'avancent, portant l'arche sainte ; le fleuve s'arrête ; les flots se partagent, ils reculent suspendus en un double rempart, et laissent au religieux cortège un libre passage. Le peuple suit, le Jourdain est traversé. Confondus à la vue du prodige, les rois des Amorrhéens tremblent ; ils sentent tomber à-la-fois leurs forces et leur courage, et fuient à l'aspect du Dieu qui combat pour Israël (2).

Admirable correspondance entre le Dieu des armées qui donne la victoire, et le ministre fidèle qui fait à Dieu hommage de son triomphe !

C'est ainsi, Messieurs, que sur le champ de bataille, en présence des flots de tant de peuples qui s'agitent et frémissent,

---

(1) Dixit Josue ad sacerdotes : tollite arcam fœderis, et præcedite populum... Dixitque Dominus ad Josue ; hodiè incipiam exaltare te coram omni populo, etc. *Josue*. III. 67.

(2) *Josue*, III. 16. — V. 1.

notre magnanime Empereur a conçu la résolution de rappeler au sein de la patrie les ministres du Seigneur. Venez, s'est-il écrié, rapportez l'arche de l'antique alliance, mutilée, sanglante, dépouillée de ses ornemens ! n'importe, elle n'a pas perdu sa vraie richesse, le Dieu qui en a fait son sanctuaire.

Le vœu du conquérant législateur a retenti jusqu'au ciel. L'Ange de la victoire accourt; il vient se placer à ses côtés. Votre heure est venue, ô Dieu des Constantin et des Clovis ! où vous allez témoigner, à la face de tout le peuple, que vous êtes aussi le Dieu de Napoléon : *ut sciant quòd sicut cum Moyse fui, ità et tecum* (1).

En effet, reportons-nous, Messieurs, sur les principales époques de sa brillante carrière, et voyons ce que le Dieu des armées a fait pour lui, ce qu'il a fait pour le Dieu des armées.

Né au sein d'une tribu lointaine, étranger à tous les partis, il vivait, comme le premier roi des Hébreux, dans le silence de la retraite et des études austères qui ont absorbé sa jeunesse, *ecce absconditus est domi* (2).

_____
(1) *Josue.* III 7.
(2) I. *Reg.* X. 22.

Quelle main invisible l'a saisi, pour le conduire à travers les ruines et les tombeaux sous l'étendard de la victoire et du commandement? Quelle vertu supérieure à tous les hasards éloigne tous les dangers, écarte tous les traits, le dérobe aux trames criminelles de tant d'ennemis conjurés, et ne permet pas à la plus légère atteinte *du mal d'approcher de sa personne* (1)? Quelle voix puissante ordonnait à l'Aquilon d'appaiser ses homicides tourmentes, alors que sur le continent ou sur les vagues des mers il bravait les menaces des élémens, ou durant son séjour dans les déserts de l'Egypte et de la Syrie, commandait à la brûlante haleine des vents du midi de détourner de cette tête sacrée ses poisons pestilentiels? *Dicam Aquiloni: da, et Austro! noli prohibere* (2). Et lorsque le pressentiment impérieux des maux de la patrie le ramène sur un faible esquif, à travers les écueils et les flottes ennemies, le ciel avait-il préposé à sa garde un de ses anges, pour le couvrir de ses ailes? Dites-nous qui a fait tout cela? N'en doutez pas, Chrétiens. Le Dieu

---

(1) Non accedet ad te malum. *Psalm.* XC. 10.
(2) *Isai.* XLIII.. 10.

qui *seul opère les miracles* (1), ce grand Dieu qui distribue la puissance comme la vie, c'est lui qui, des trésors de sa miséricorde, a fait sortir les prodiges que nous avons vus; il est jaloux de son ouvrage, il s'en glorifie, il ne permettrait pas qu'on lui en disputât l'honneur. *Gloriam meam alteri non dabo* (2). Et voyez par quelle immense chaîne d'évènemens extraordinaires il liait à la longue catastrophe de la révolution, l'heureux dénouement auquel nous assistons. N'en demandez point le nœud secret à la politique humaine. Non, Dieu seul et ses oracles peuvent nous l'expliquer. Semblable à ces orages, qui, long temps balancés dans les airs, crèvent tout-à-coup, et fondent avec fracas; ils inondent de vastes contrées, ils répandent au loin la désolation, l'épouvante et la mort. Ce ne sont que ruines, c'est le chaos, c'est l'enfer. Mais, quand les torrens se sont écoulés, quand l'astre régénérateur, s'élevant du sein des nuages, répand sa chaleur féconde, voilà que la vie renaît du sein de la mort, la terre s'épure par le fléau même, et la nature

---

(1) Qui facit mirabilia solus. *Psalm.* LXXI. 18.
(2) *Isai.* XLII 18.

semble avoir recouvré sa première jeunesse.

Si Dieu nous punit au dehors par nos victoires comme par nos défaites, ou si dans l'intérieur il nous courbe sous un joug déshonorant, laissons, laissons agir la Providence qui veille sur nous. Rois étrangers, protecteurs, à vous entendre, de cette France que vous veniez asservir, il n'a pas besoin de vos légions. Et vous, à qui dans ses vengeances, il semblait avoir donné la toute-puissance du mal, il a marqué le terme de vos succès. Il saura bien, quand il en sera temps, briser dans vos mains cette coupe d'assoupissement que vous aviez versée sur les peuples; et les uns et les autres, tous ou réunis ou dispersés, il les combat et les disperse par le bras du seul Napoléon : et pour qu'il demeure à jamais prouvé que c'est là son ouvrage, voyez avec quelle magnificence, *Père de tous les dons* (1), il enrichit son ame de ces qualités extraordinaires qui commandent l'obéissance; c'est un coup-d'œil perçant, qui lit dans les conseils étrangers, comme dans ses propres plans, et semble les avoir devinés. C'est une fermeté dans

_____

(1) Omne datum optimum, et omne donum perfectum desursùm est. *Jacob.* epist. I. 17.

les résolutions que rien n'altère et qui triomphe de tout; un zèle du bon ordre, sorte de providence qui s'étend à tout, assure tous les droits, maintient tous les devoirs, embrasse sans effort les objets les plus vastes, les plus minutieux sans confusion; une activité infatigable qui le multiplie, le montre, ainsi que la vivifiante chaleur du soleil, presqu'à-la-fois aux armées, au conseil, aux ateliers de l'industrie, dans sa capitale, aux extrémités de son Empire, et fait, de sa seule existence, un prodige de tous les momens.

Honneur immortel à Napoléon! il n'a pas fermé l'oreille aux inspirations du Dieu qui l'appelle. Si les Autels se sont relevés de leurs ruines, si les pieux Cantiques de la Religion ont retenti sous les voûtes de nos Temples sans trouble et sans mélange, si les familles chrétiennes ont pu recevoir dans leur sein et baigner des pleurs de la reconnaissance et de la piété, leurs Pasteurs, enfin arrachés à l'exil, à la captivité, à la honteuse indigence, Français! noble postérité des siècles de Charlemagne, à qui devons-nous ces bienfaits? L'impiété avait accumulé les outrages et les douleurs sur le Pontife de notre confession, sur le Chef auguste de votre culte. Elle se vantait d'avoir garotté des mêmes liens la thiarre et le trône de Pie VI, la chaire de la vérité Catholique. Napoléon a dit : et Rome recouvre son indépendance avec son souverain. S'il n'a pu rendre à la vie le glorieux martyr de la foi chrétienne, du moins il affranchit sa cendre exilée, et sa ville qu'épouvantent ses protecteurs autant que ses ennemis. Ombre auguste! va te réunir à tes saints prédécesseurs! le prince des apôtres t'attend; il élargit son tombeau pour recevoir à ses côtés l'émule de sa foi.

Cependant le projet de la réconciliation de l'Eglise et de l'Etat se poursuit avec l'activité d'un zèle que les obstacles enflamment, avec la sagesse obligée d'étudier long-temps les remèdes toujours plus lents que les maux. Enfin le Concordat se proclame, rameau pacifique, apporté du ciel pour consoler la terre après tant de fléaux. Le calme est rendu aux consciences. Du pied des Autels, du haut des tribunes saintes, la voix des Augustin, des Chrysostôme, évangélise les pauvres, tonne à l'oreille des grands du siècle, et venge cette Religion de paix et de charité que Dieu lui-même envierait à la terre, si ce n'était Dieu qui nous l'eût donnée. Chaque jour a fermé quelqu'une des nombreuses plaies, et les jouissances du présent s'embellissent encore des douces espérances de l'avenir.

Charlemagne en avait-il fait davantage pour mériter que la reconnaissance et la vénération des peuples ajoutassent aux titres qu'il tenait de la victoire, un titre nouveau, plus solennel et plus absolu ? Sénat français ! vous avez acquitté la dette de la patrie ; vous avez bien mérité de la religion, en proclamant Napoléon empereur. Au mérite le plus éminent appartenait, sans doute, la dignité la plus relevée. Donc à Napoléon l'Empire, à lui la gloire et la domination. Vive NAPOLÉON, Empereur des Français !

A ce nom, l'ombre de Charlemagne a tressailli ; il s'émeut, il s'agite sous sa tombe sacrée. Je crois le voir, s'avançant à travers cette enceinte religieuse, jusque vers l'autel du Roi des rois, tel que le contemplèrent autrefois dans tout l'éclat de la majesté impériale, les ambassadeurs des royaumes les plus reculés, et ces Romains délivrés par sa vaillance. Je crois le voir, promenant ses regards attendris, et sur les nouveaux trophées de la valeur française, et sur les symboles augustes d'une puissance qui fut la sienne, tout-à-coup, dans les transports, d'une vive allégresse : Jour heureux ! s'est-il écrié, jour à jamais mémorable ! c'est ainsi qu'autrefois dans la capitale du monde chrétien, prosterné aux pieds du Dieu des batailles, pour lui faire hommage des victoires qu'il m'avait données, je fus couronné moi-même et sacré Empereur. Ainsi coula sur ma tête l'huile sainte, versée par les mains de son pontife, du père commun des fidèles, du digne successeur des vertus, comme du siége des Grégoire et des Léon. La voilà donc enfin ramenée sur le front de votre monarque cette couronne qui fut jadis imposée sur ma tête : comment s'était-elle flétrie ? comment avait-elle passé dans des mains étrangères ? Dignes Français ! vous êtes rentrés en possession de votre antique héritage ; vous en avez fait le prix de la valeur et du génie. Eglise gallicane ! secoue la poussière de quinze années de tribulations, et, présidée par le chef auguste de l'épiscopat, viens toute entière au-devant de ton libérateur. O Napoléon ! régnez pour être à jamais la terreur de vos ennemis, et l'amour des Français ! Puisse, fécondée par l'onction sainte que vous avez reçue, puisse la royale tige qui s'élève et croît sous votre ombre, produire des fruits jusqu'à la dernière postérité !

Oui, Chrétiens, ces nobles vœux ont été exaucés. Au moment auguste où les mains d'un nouveau Samuël ont répandu sur la tête de notre souverain l'huile sainte et les bénédictions célestes; à la voix du Pontife, les cieux se sont ouverts, et l'Eternel lui-même a tracé sur le livre dépositaire des évènemens futurs ces paroles si glorieusement accomplies :

A pareil jour, encore une ligue formidable, ourdie par la trahison, frappée, dès le premier combat, du coup mortel, viendra expirer honteusement dans les plaines d'Austerlitz. Tel sera l'anniversaire par lequel Dieu lui-même veut justifier les hommages de la terre et ses propres décrets. Plaines d'Austerlitz! à pareil jour que celui qui éclaira son couronnement, vous verrez l'invincible NAPOLÉON cimenter à jamais par la victoire la plus éclatante, bientôt suivie d'une paix désormais durable, la liberté de son peuple et l'indépendance de sa couronne contre la foule d'ennemis qui l'environnent. Ainsi le Seigneur, Dieu des armées, l'avait-il déclaré par ses saints oracles: *liberabit populum suum de manibus inimicorum qui in circuitu ejus sunt* (1). Ainsi avait-il ordonné que l'onc-

---
(1) I. Reg. X, 1.

tion sacrée, récompense de ses premiers hauts-faits, devînt à-la-fois le présage des nouveaux triomphes qui l'attendaient : *Et hoc tibi signum, quià unxit te Deus in principem* (1).

Vierge sainte! c'est vous qui veilliez sur les destinées de cet Empire et sur la gloire de votre héros.

Nous le publierons dans ces tribunes sacrées, dans nos pieux sacrifices. Nous le dirons à nos amis, à nos ennemis; nous le répéterons à ceux qui doivent nous remplacer sur la scène de la vie; et notre postérité partagera notre reconnaissance, comme elle doit partager votre bienfait. Ils le diront à leurs peuples, ces Souverains à qui un nouvel Alexandre a fait présent de la royauté; ils le diront à toutes les générations, ces ossemens de nos rois si long-temps exilés de leurs tombes, que sa main réparatrice vient de ramener dans les asiles du repos et de l'éternel silence; et ces Autels expiatoires, monumens de clémence, où désormais viendront se briser, et les ressentimens de la terre, et les vengeances du ciel. Cette solennité, mémorial immortel et de votre

---

(1) Ibid.

triomphe dans les cieux, et de la naissance de notre Empereur, sera à jamais la fête de la nation qui vous fut dévouée. Graces, graces vous soient rendues, ô Vierge sainte ! c'est vous qui l'avez donné à notre France, parce qu'il fallait que l'Empire du monde fût là où devait être le grand Napoléon.

Esprit saint! dont le souffle vivifiant renouvelle à votre gré la face de la terre, exaucez les vœux de l'amour et de la reconnaissance envers notre invincible monarque. Pénétrez de plus en plus son ame des vertus douces et vraiment célestes dont l'onction sainte fut l'emblême. Versez toutes vos bénédictions sur sa glorieuse famille. Nous vous implorons encore, ô Dieu tout puissant ! en faveur de l'auguste Souveraine qui partage avec le GRAND NAPOLÉON les hommages de cet Empire. Comblez-les de vos plus précieuses faveurs. Que votre Eglise leur soit toujours aussi chère, aussi sacrée qu'ils sont eux-mêmes respectables et chers à votre Eglise. Que votre Religion sainte préside à leurs conseils, anime leurs pensées, dirige leurs actions, afin qu'après avoir assuré leur bonheur sur la terre, elle consomme leur félicité dans le Ciel. *Amen.*

FIN.

www.ingramcontent.com/pod-product-compliance
Lightning Source LLC
Chambersburg PA
CBHW061012050426

42453CB00009B/1402